초판 1쇄 인쇄 2022년 7월 15일
초판 1쇄 발행 2022년 7월 20일

글그림 돤장취이 스튜디오
옮김 김영미

발행인 조인원 **편집장** 안예남
편집담당 이주희 **제작담당** 오길섭
출판마케팅담당 경주현
디자인 중앙아트그라픽스

발행처 (주)서울문화사
등록일 1988년 2월 16일
등록번호 제 2-484
주소 서울시 용산구 새창로 221-19
전화 (02)799-9168(편집), (02)791-0752(출판마케팅)

ISBN 979-11-6923-022-3
ISBN 979-11-6923-021-6(세트)

One Day in Ancient Times: How to get food 原始人的一天: 饥肠辘辘
Copyright ⓒ 2021 by Duan Zhang Qu Yi Studio
Korean translation copyright ⓒ 2022 by Seoul Cultural Publishers, Inc.
by arrangement with CITIC Press Corporation,
through Linking-Asia International Co., Ltd.
All rights reserved

※잘못된 제품은 구입하신 곳에서 교환해 드립니다.

글그림 **돤장취이 스튜디오**

2011년부터 아동서 분야의 해박한 전문 지식과 열정으로 300여 타이틀의 아동서를 제작하였습니다. 그중 〈숲속의 작은 기차〉는 중국 도서 평론 학회의 '2015년 중국의 좋은 책' 대상 등 여러 상을 받았으며, 〈식권〉은 제 3회 앨리스 그림책 은상을 받았습니다. 〈고대인의 하루〉 시리즈 중 〈황제의 하루〉는 '중국 초등학생 필독 도서 목록'(2020년) 2학년 도서 목록에 수록되었습니다.

옮김 **김영미**

이화여자대학교 통번역 대학원 한중과를 졸업하였습니다. 저작권 에이전시에서 중국어권의 좋은 책을 소개하고 있으며, 어린이를 위한 좋은 책 번역에도 힘쓰고 있습니다.

작가의 말

불로 밥을 짓고 옷을 입고 꾸미는 등의 일은 우리에게 매우 당연하고도 간단한 일이지만 사실 우리의 조상들이 그 기술을 익히기까지는 긴 시간이 필요했습니다. 이 과정은 인류 진화의 역사라는 긴 흐름에서 백 년, 천 년 아니 백만 년이나 차지하는 시간이지요.

〈원시인의 하루〉 시리즈에서는 인류 진화 역사의 중요한 단계들을 하루로 압축하여 보여 주려 합니다. 원시인은 어떻게 도구 사용법을 배웠을까요? 그리고 어떻게 불을 발견하고 그 용도를 알게 되었을까요? 또 원시인은 어떻게 집을 지었을까요? 원시인의 하루를 통해 우리의 조상들이 척박한 환경에서 어떻게 맹수와 자연재해에 맞서 싸우며 세상에서 가장 경쟁력 있는 존재가 되었는지 알아봅시다.

이 책에서는 초기 원시인이 어떤 방식으로 음식을 구했는지, 어떤 방식으로 고기를 먹기 위해 생명의 위험을 무릅쓰며 사냥했는지를 보여 줍니다. 이 시기 인류가 치열하게 싸웠던 목표는 아주 단순했습니다. 오로지 살아남기 위해서였지요. 훗날 원시인들이 불을 사용할 수 있게 되면서 불로 음식을 익히는 방법을 알게 되었고, 소금으로 음식을 더 맛있게 만들 수 있게 되었습니다. 그뿐만 아니라 원시인은 농사를 짓고 가축을 기르는 법도 알게 되었습니다. 비록 우리는 이 모든 과정을 하루로 압축시켜 나타냈지만, 사실 이 모든 것들은 아주 오랜 시간을 들여 이룬 것이었습니다. 그렇게 차츰차츰 원시인들이 야만의 상태에서 벗어나 현대인으로 진화한 것입니다.

〈원시인의 하루〉 시리즈는 원시인의 의식주와 생존 방법을 하루라는 시간 동안에 글과 그림으로 보여 주면서 인류 진화의 역사를 알려 줍니다. 어린이 독자들은 자신의 하루 생활과의 비교를 통해서 조상들의 일상을 생생하게 느낄 수 있는 특별한 독서 체험을 하게 될 것입니다.

장주오밍

2021년 3월

차례

책을 읽기 전에 · 11

1. 가장 중요해! 물은 살아가는데 · 12

2. 어려운 채집 생활 · 16

3. 사냥은 정말 위험해! · 20

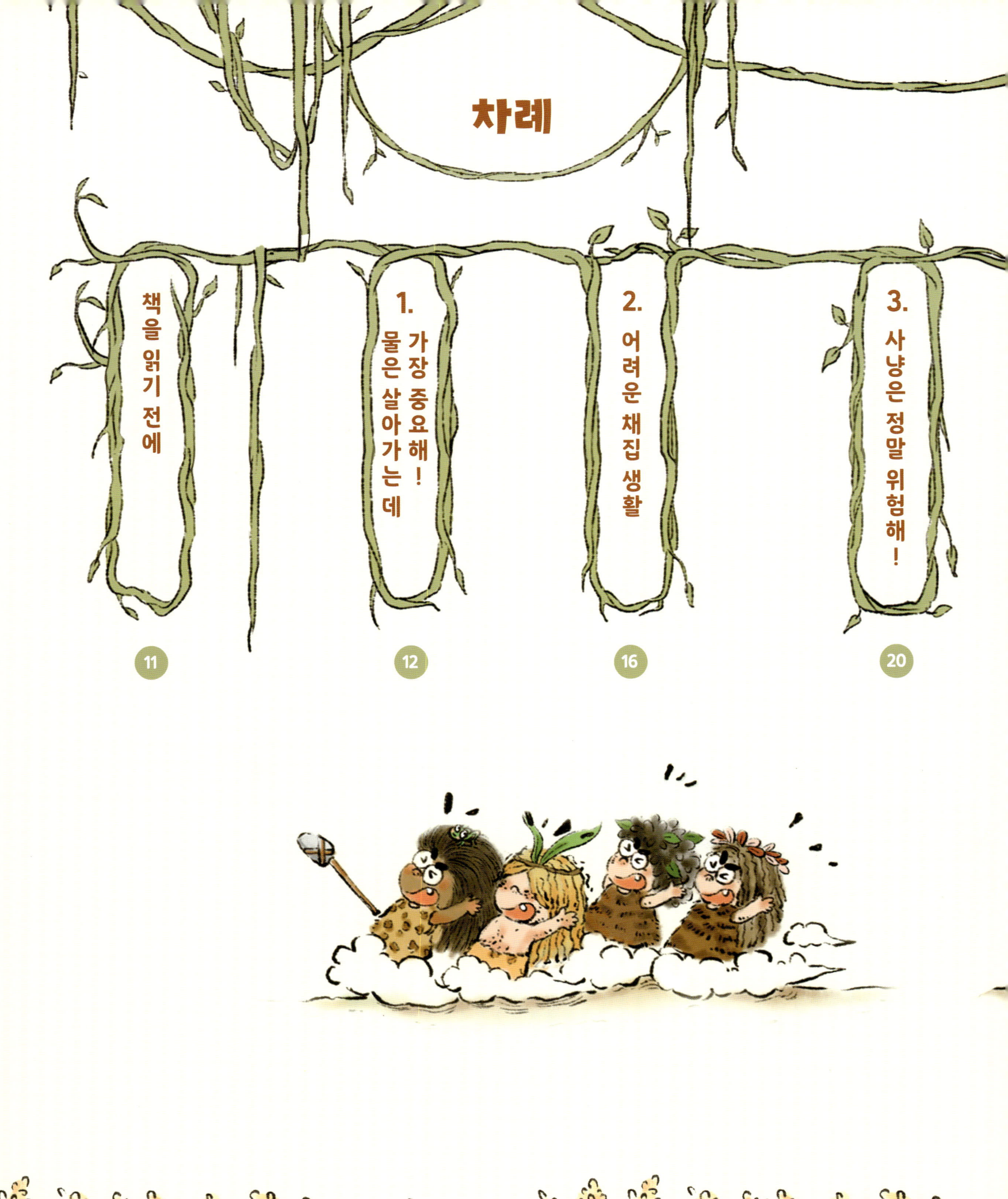

인류를 바꾼 음식	40
야생에서 물을 모으는 방법	41
음식의 발전 과정	42
농업과 목축업의 발전	44
원시인의 시간 측정법	45

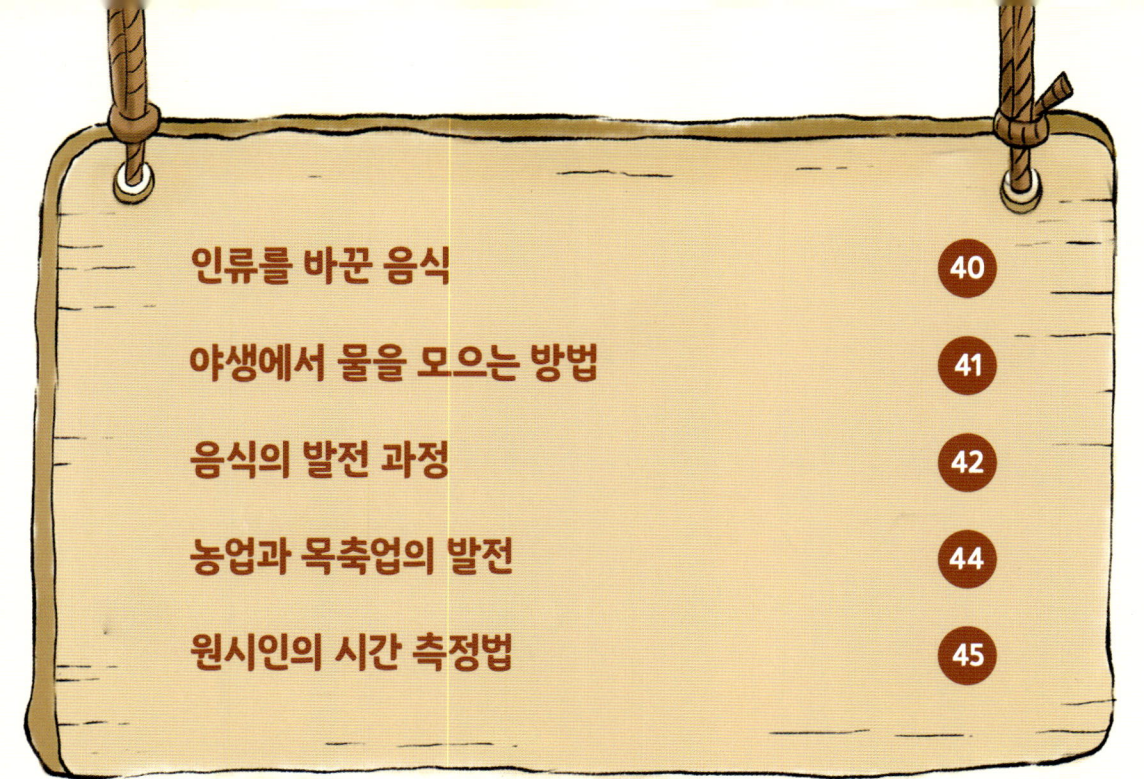

책을 읽기 전에

우리는 매일 당연하다는 듯 식사를 하고 물을 마십니다.
그러나 원시인들은 어떻게 밥과 물을 먹었을까요?
편리한 생활을 하는 우리와 달리 원시인들은 매일
먹고 마시는 문제로 고민해야만 했습니다. 그 당시에는
상점도 호텔도 없고, 배달도 할 수 없었기에 살아남기 위해서는
신비한 대자연에 맞서 싸워 물과 음식을 구해야 했지요.
그러면서 생존의 법칙도 깨우쳐야 했습니다.
지금부터 우리 함께 원시 사회로 떠나
원시인들의 신기한 생존 방식을 살펴봅시다!

2. 어려운 채집 생활

선사 시대 초기에 원시인들은 주로 식물을 채집하여 먹을 것을 마련하였습니다. 언제나 다양한 먹을거리를 제공해 주는 대자연은 원시인에게는 마치 거대한 식량 창고와도 같았습니다.

원시인의 하루는 음식을 구하는 것으로 시작됩니다.

먹을거리 구하러 가자!

원시인 대백과

원시인들의 역할 분담
인류 사회 초기에 여자들은 주로 채집을 했고, 남자들은 사냥을 했습니다.

숲속에는 위험한 것도 많아!

혹시라도 실수로 벌집을 건드리면 문제가 커졌습니다.

늪에 빠지는 것은 더 위험했습니다.

하늘도 도와주지 않는군!

비 오는 날은 채집에 알맞은 날은 아니었습니다.

야생 생존 방법

말벌의 침은 독성이 매우 강합니다.
밖에서 말벌을 만났을 때 어떻게 해야 할까요?

1. 옷으로 목 위를 감싼 뒤 말벌이 오는 반대 방향으로 뛰거나 혹은 제자리에 엎드립니다.
2. 마른 풀 등에 불을 붙인 다음 잠시 후 불을 끄고, 피어오르는 연기로 말벌을 쫓아냅니다.
3. 말벌에 쏘이면 먼저 상처에 가시가 남아 있는지 확인하고 만약 가시가 있다면 반드시 빼내야 합니다.

늪은 땅바닥이 우묵하고 일 년 내내 물이 고여 있는 곳을 말하며, 침수 식물이 많이 자라는 진흙 지대입니다. 만약 늪에 빠졌다면 아래와 같은 방법으로 위기를 벗어나야 합니다.

1. 버둥거리지 말고 누운 자세로 몸이 바닥에 닿는 면적을 최대한 넓게 합니다.
2. 배낭을 메고 있다면 배낭 위에 엎드려 천천히 안전한 곳으로 이동합니다.

해가 나무에 걸렸다!

포위하고 사냥하자!
사냥의 두 번째 단계는 힘을 합쳐 사냥감을 공격하는 것입니다. 족장이 명령하면 숨어 있던 부족원들이 동시에 달려들지요.

능숙하게 협동하여 염소를 잡는 데 성공했습니다.

지식 쏙쏙

원시인의 사냥법

방법1: 사냥감을 사방에서 포위하여 잡습니다.
방법2: 미리 파 놓은 함정으로 사냥감을 유인해서 잡습니다.

강가에서 낚시할 때는 조심해야 해!
물에 빠졌는데 혹시라도 수영을 못하는 등의 예상하지 못한 일이 발생할 수 있습니다.

야생 생존 방법

물에 빠지면 어떻게 해야 할까요?

1. 물에 빠지면 우선 몸에 힘을 빼서 물 위에 뜨게 합니다. 머리가 위로 뜨면 숨을 쉽니다.
2. 몸이 물에 가라앉을 때는 마치 물을 누르듯이 손바닥을 아래로 향해 몸의 균형을 유지합니다.
3. 놀라지 말고 최대한 체력을 아낀 후 주위에 사람이 나타나면 구조 요청을 합니다.

거머리는 야생에서 흔히 볼 수 있는 수생 동물로 사람과 동물의 피를 빨아 먹습니다. 거머리에게 물렸을 경우 어떻게 해야 할까요?

1. 당기면 당길수록 더 달라붙기 때문에 억지로 떼지 않습니다.
2. 물린 부분의 위쪽을 가볍게 때려 거머리의 빨판을 느슨하게 하여 떨어뜨립니다.

얕은 곳이 꼭 안전한 것은 아니야!
얕은 곳에서는 물에 빠져 죽을 위험은 없지만, 바닥에 처음 보는 이상한 생물이 있을 수도 있습니다.

최초로 게를 먹는 사람이 되는 것은 쉽지 않은 일이었습니다.

야생 생존 방법

만약 게의 집게발에 물렸다면 이렇게 해 보세요.

1. 손을 물에 넣으면 게가 집게발을 풀게 됩니다.
2. 물을 찾을 수 없다면 게를 평평한 땅에 내려놓습니다. 게의 발이 땅에 닿으면 집게발을 천천히 풀게 될 것입니다.

지식 쏙쏙

인류가 물고기를 제대로 이해하기까지는 긴 시간이 걸렸습니다. 특히 물고기 특유의 비린내 때문에 배가 고파서 쓰러지지 않는 한 먹지 않았습니다. 그러나 불을 사용하게 되면서 익힌 음식을 먹을 수 있게 되었고, 그 이후로 고기잡이가 널리 퍼지게 된 것으로 보입니다.

수확의 기쁨

여러 가지 문제가 있었지만 모두 양손 가득 식량을 마련할 수 있었습니다. 이제 잡아 온 것들을 맛있게 먹을 일만 남아 있었는데, 아직 방심하기는 이릅니다. 물고기를 먹을 때도 몇 가지 문제가 있었기 때문이지요.

5. 음식은 조리해야 더 맛있다고?

큰 산불이 난 후 원시인들은 우연히 불에 구워진 음식의 맛이 더 좋다는 것을 알게 되었습니다. 불을 사용하는 법을 알고 난 후로는 불로 음식을 조리하게 되었고, 여러 요리법을 익히게 되었습니다.

음식 재료들이 엄청 많다!
고생한 사냥팀과 낚시팀, 채집팀이 먹을 것을 잔뜩 가지고 돌아왔습니다.

해가 쨍쨍해!

와~! 나 고기 먹을래.

아직 요리 안 해서 못 먹는다니까!

자~, 우선 과일즙부터 마시자.

밥을 짓기 전 해야 할 일

풍성한 한 끼를 만들기 위해 원시인들은 각자 바쁘게 일했습니다.

우선 사냥해 온 동물의 가죽을 벗기고 뼈를 제거했습니다. 털가죽과 뼈는 남겨서 다른 용도로 사용했지요.

지식 쏙쏙

동물의 털가죽과 뼈는 옷과 도구의 재료가 되었습니다.

가죽 → 옷

뼈 → 뼈바늘, 돌도끼

장작을 충분히 준비합니다.

요리하기 전에 고기를 작은 조각으로 자릅니다.

땅을 정리해야 해!

불이 꺼진 후 씨를 뿌리기 위해 땅을 정리하였습니다.

까맣게 탄 큰 돌은 비료로도 쓸 수 없고 농사에 방해가 되어 반드시 치워야 했습니다.

지식 쏙쏙

숲을 태워 비료를 만들고 정리된 땅에 구덩이를 파서 씨를 뿌리는 방식을 화전 경작이라고 합니다. 화전 경작을 할 때에는 늘 여러 어려움이 뒤따랐기 때문에 원시인들은 신에게 재난을 물리쳐 주기를 빌며 제사를 지냈습니다. 제사는 보통 춤과 노래 등으로 이루어졌습니다.

하늘에 빌자!

불태운 토지는 아직 열기가 남아 있어 바로 씨를 뿌리기는 어려웠습니다. 열기가 식기까지는 시간이 필요했는데 족장은 그동안 부족원들과 함께 씨 뿌리는 일이 순조롭게 되기를 빌었습니다.

7. 목축은 생활 수준을 높여 줘!

잡아들인 사냥감이 많아지면서 한 번에 다 먹을 수 없는 동물이 생기기 시작했습니다. 잡아 온 새끼 동물들을 보면서 원시인들은 '어차피 다 먹지도 못하는데 그냥 키우는 게 어떨까?'라는 생각을 하게 되었고, 그렇게 가축 사육이 시작되었습니다.

동물을 사육하면 안정적으로 고기를 얻을 수가 있었습니다. 주된 방식은 울타리를 치고 여물을 먹이는 것이었지요.

많이 먹어라~. 너희는 굶으면 안 돼. 굶으면 고기가 줄어들거든.

동물을 풀밭에 풀어놓고 풀을 뜯게 한 후 해 질 무렵 집으로 데리고 가기도 했습니다.

멍멍이들이 계속 뒤를 쫓네?

원시인 대백과

목축업의 탄생과 발전

신석기 시대는 사냥의 방식과 도구가 크게 발전했습니다. 사냥감이 점점 많아지게 되자 일부 살아 있는 사냥감을 기르게 되었고 이것이 목축업으로 이어졌습니다. 그리고 목축업이 진화하면서 농업도 발전하였는데, 농업의 발전으로 충분한 사료를 공급받을 수 있었기에 목축업은 더욱 발전할 수 있게 되었습니다.

해가 지평선 위로 올라왔어!

물물 교환은 좋은 방법!
남는 동물들은 근처 다른 부족들과 바꿀 수 있었습니다.

지식 쏙쏙

개의 조상은 야생 늑대입니다. 원시인들은 늑대를 훈련시켜 가축으로 만들었지요. 개는 냄새를 잘 맡고 영리해서 원시인들의 사냥을 돕고 집을 지켜 주었습니다.

가축의 고기나 우유, 가죽과 털, 뼈는 원시인의 생활에 꼭 필요한 것들이었습니다.

지식 쏙쏙

사람들은 동물의 특성과 용도에 따라 다양한 훈련을 하여 길들였습니다. 예를 들면 개는 사냥과 방목을 돕도록 했고, 소는 땅을 갈았습니다. 말, 당나귀, 낙타는 물건을 운반했습니다.

인류는 흉포한 늑대를 가축으로 만드는 데에 성공했지만, 비교적 온순한 돼지, 양, 소, 말 등을 길들이기를 더 좋아했습니다.

특별한 고양이

사냥꾼이 데려온 새끼 호랑이를 원시인이 매우 좋아했습니다.

인류를 바꾼 음식

생명의 진화는 세상에서 가장 경이롭고 복잡한 일 중의 하나입니다. '백성은 나라의 근본이요, 백성은 먹을 것을 하늘과 같이 우러러보는 것이다(세종실록 3권, 세종 1년 2월 12일 중)'라는 말이 있지요. 그만큼 인류의 역사에서 음식은 인류의 생존과 진화에 막대한 영향을 끼쳤습니다.

뇌의 용량이 커지다.

여러 가지 요인으로 인류의 뇌 용량이 점점 커지게 되었는데 음식의 변화도 큰 요인으로 꼽을 수 있습니다. 가장 최초의 인류는 '채식주의자'였습니다. 그러나 지구의 기후 변화로 식량이 부족해지자 인류는 생존을 위해 고기를 먹기 시작했습니다. 고기를 구하고 먹는 과정에서 대뇌를 사용하면서 인류의 뇌 용량이 커지고 지능도 높아졌습니다.

이가 작아지다.

초기의 인류는 도구를 사용하여 음식물을 가공하지 않았습니다. 그러나 후기의 인류는 도구를 사용해 음식물을 자르고 잘게 부수는 법을 알게 되었고, 정교하게 처리된 음식은 씹고 소화시키는 것을 쉽게 해 주었습니다. 그 결과 인류의 턱과 치아, 입 주변 근육이 점점 작아지게 되었습니다.

내장이 줄어들다.

초기의 인류는 음식을 날것으로 먹었습니다. 그러나 불을 사용하게 되면서 불에 익힌 음식을 먹을 수 있게 되었습니다. 불에 익힌 음식은 내장의 소화 부담을 줄여 주어 내장도 점점 줄어들게 되었습니다.

야생에서 물을 모으는 방법

물은 인류의 생존에 가장 중요한 요소로, 야생 생존의 핵심은 바로 충분한 물을 확보하는 것입니다. 물을 구하는 간단한 방법을 알아봅시다.

- **빗물 모으기**: 비닐봉지, 빈 캔, 컵 등 물을 받을 수 있는 도구를 깨끗한 돌 위에 올려 빗물을 받고 바닥에 떨어지지 않게 합니다. 비가 많이 오면 바닥의 진흙이 물 받는 도구에 튈 수 있어서 조심해야 합니다.
- **수증기 모으기**: 비닐봉지 하나를 나뭇가지에 씌우고 입구를 단단히 묶으면 나뭇잎에서 증발한 수분이 봉지 안에 모이게 됩니다.
- **아침 이슬 모으기**: 비닐봉지나 물병으로 식물의 잎에서 떨어지는 물방울을 모읍니다.

간혹 그대로 마실 수 있는 물도 있지만, 야생에서 구한 물은 대부분은 그대로 마실 수 없습니다. 반드시 여과와 소독을 해야 하는데 그 방법을 소개합니다.

- **필터용 빨대**: 시중에서 필터용 빨대를 구할 수 있으니 외출하기 전에 사서 준비합니다.
- **간이 여과**: 물을 찾은 후 그곳으로부터 수십 센티미터 떨어진 곳에 구덩이를 팝니다. 그런 다음 그곳까지 물이 저절로 삼투되는 것을 이용해서 자연 여과를 시킵니다.
  *삼투: 농도가 다른 두 액체를 반투막으로 막아 놓았을 때에, 농도가 낮은 쪽에서 농도가 높은 쪽으로 용매가 옮겨 가는 현상.
- **여러 층의 여과 장치를 만들기**
  준비할 재료: 생수병, 솜(또는 면), 활성탄(또는 숯), 다목적 칼, 돌, 작은 돌이나 고운 모래

  ① 칼로 생수병 밑바닥을 자릅니다.

  ② 병마개에 칼로 작은 구멍을 하나 냅니다.

  ③ 병을 거꾸로 세워 솜, 활성탄, 고운 모래, 작은 돌 등을 순서대로 병에 채운 후 물을 붓습니다.

④ 불로 끓입니다. (가장 기본적인 소독 방식으로 야생에서 여과된 물은 끓여야 마실 수 있습니다.)

음식의 발전 과정

600만 년 전 ~ 200만 년 전
사람들은 주로 식물의 열매, 잎, 뿌리를 먹고 곤충, 알 그리고 작은 포유동물 등을 먹었던 것으로 보입니다.

250만 년 전 ~ 150만 년 전
주로 야생 식물 위주로 먹고 고기로 영양을 보충하였습니다. 이런 고기들은 직접 잡은 것인지 아니면 다른 동물들이 먹다 남긴 것인지는 아직 정확하게 밝혀지지 않았습니다.

160만 년 전 ~ 20만 년 전
사냥 활동을 활발히 하면서 각종 고기들은 식단의 가장 중요한 부분이 되었습니다. 계절이 바뀔 때와 겨울철 식량 문제를 해결하기 위해 사람들은 견과류, 양파, 고구마 등 변질이 잘 되지 않는 식자재를 저장하기 시작했습니다.

140만 년 전
사람들은 불을 사용하는 법을 배웠고, 불에 익힌 음식을 먹기 시작했습니다.

4만 년 전
유럽 해변에 사는 사람들은 해산물을 먹었습니다.

2만 년 전
내륙 지역에 사는 사람들도 해산물을 먹었습니다.

1만 2천 년 전
활의 발명으로 사냥은 전성기를 맞았습니다. 사냥 대상은 주로 염소, 사슴, 말 등의 동물이었습니다. 또한 식용 야생 보리, 귀리 등 곡물을 채집하기 시작했습니다.

농업과 목축업의 발전

인류는 오랫동안 채집과 사냥을 해 오면서 농업과 목축업을 발전시켜 왔습니다. 인류의 오랜 노력으로 농업과 목축업은 꾸준히 변화해 왔습니다.

농업의 발전

최초의 인류는 재배하는 방법을 몰랐기에 대자연의 야생 식물을 먹었습니다. → 이후 일부 식물의 인공 재배가 이루어졌고 화전 경작과 같은 비교적 간단한 생산 방식을 시작했습니다. → 기술이 발전하면서 새로운 농기구를 이용한 생산 방식이 나타났습니다. → 현대 농업은 과학 기술의 발전으로 인력과 가축을 이용한 생산에서 기계화 방식으로 바뀌게 되었습니다.

  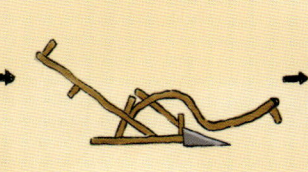 

목축업의 발전

최초의 인류는 목축의 개념이 없었고 대자연 속의 야생 동물을 먹었습니다. → 이후, 사람들은 산 채로 동물을 잡아 기르면서 가축으로 길들였습니다. → 기르는 동물의 종류가 늘어나면서 다른 용도의 가축이 나타났습니다. → 현대에 들어 목축업은 세분화되었습니다. 육계업, 낙농업, 육우업, 양돈업 등으로 나눌 수 있습니다.

원시인의 시간 측정법

원시 사회 사람들은 시간을 알 수 있는 도구가 없었지만 해와 하늘의 색을 관찰하며 활동을 시작했습니다. 예를 들어, 하늘이 밝아지면 나가서 먹을 것을 찾고, 해가 지면 누워서 자는 식이었습니다. 흐린 날에는 해가 없었지만 그동안의 경험에 비추어 시간을 확인했습니다. 배가 고프면 식사 시간이고 졸리면 취침 시간으로 생각하는 방식이었습니다. 그래서 이 책에서도 원시인들의 방법에 따라 대략적으로 시간을 나누었습니다.